# - HERGÉ -

## LAS AVENTURAS DE TINTÍN

# LOS CIGARROS DEL FARAÓN

editorial juventud

Barcelona

Las Aventuras de TINTÍN y MILÚ
están editadas en los idiomas siguientes:

| | | |
|---|---|---|
| *Afrikáans* | HUMAN & ROUSSEAU | Sudáfrica |
| *Alemán* | CARLSEN VERLAG | Alemania |
| *Árabe* | ELIAS PUBLISHING | Egipto |
| *Armenio* | SIGEST EDITIONS | Armenia |
| *Bengalí* | ANANDA PUBLISHERS PRIVATE Ltd. | India |
| *Castellano* | EDITORIAL JUVENTUD, S. A. | España |
| *Catalán* | EDITORIAL JUVENTUD, S. A. | España |
| *Checo* | ALBATROS | República Chequia |
| *Chino* | THE COMMERCIAL PRESS Ltd. | China (HK) |
| *Chino simplificado* | CHINA CHILDREN PRESS & PUBLICATION GROUP | China (RP de) |
| *Coreano* | SOL PUBLISHING | Corea del Sur |
| *Criollo reunionés* | EPSILON EDITIONS | Reunión |
| *Criollo* | CARAÏBEDITIONS | Guadalupe |
| *Croata* | ALGORITAM | Croacia |
| *Danés* | COBOLT | Dinamarca |
| *Eslovaco* | UCILA INTERNATIONAL | Eslovenia |
| *Estoniano* | TANAPAEV PUBLISHERS | Estonia |
| *Finlandés* | OTAVA PUBLISHING Co. Ltd. | Finlandia |
| *Francés* | CASTERMAN | Francia (B/CH ) |
| *Galés* | DALEN (LLYFRAU) | País de Gales |
| *Georgiano* | AGORA | Georgia |
| *Griego* | MAMOYTHCOMIX Ltd. | Grecia |
| *Hebreo* | M. MIZRAHI PUBLISHING HOUSE | Israel |
| *Hindi* | OM BOOKS | India |
| *Holandés* | CASTERMAN | Países Bajos (B) |
| *Húngaro* | EGMONT HUNGARY | Hungría |
| *Indonesio* | PT GRAMEDIA PUSTAKA UTAMA | Indonesia |
| *Inglés* | EGMONT UK LTD | Reino Unido |
| *Inglés americano* | LITTLE, BROWN & Co. (HACHETTE) | Estados Unidos |
| *Islandés* | FORLAGIT | Islandia |
| *Italiano* | RCS LIBRI | Italia |
| *Japonés* | FUKUINKAN SHOTEN PUBLISHERS | Japón |
| *Letón* | ZVAIGZNE ABC PUBLISHERS | Letonia |
| *Lituano* | ALMA LITTERA | Lituania |
| *Noruego* | EGMONT SERIEFORLAGET | Noruega |
| *Polaco* | EGMONT POLSKA | Polonia |
| *Portugués* | ASA EDICOQ | Portugal |
| *Portugués brasileño* | COMPANHIA DAS LETRAS | Brasil |
| *Rumano* | MKT EUROPE | Rumanía |
| *Ruso* | CASTERMAN | Rusia |
| *Serbio* | MEDIA II D.O.O. | Serbia |
| *Sueco* | BONNIERCARLSEN | Suecia |
| *Tailandés* | NATION EGMONT EDUTAINMENT Ltd. | Tailandia |
| *Turco* | INKILAP KITABEVI | Turquía |

Tintín también ha sido publicado en otras lenguas y dialectos.

Artwork copyright © 1955 by Casterman, París-Tournai
Copyright © renewed 1983 by Casterman
Copyright © renewed 1985 by Casterman
Copyright © de la traducción española:

EDITORIAL JUVENTUD, S. A., 1964
Provença, 101 - 08029 Barcelona
info@editorialjuventud.es
www.editorialjuventud.es
Traducción de Concepción Zendrera

Vigésima novena edición, 2018

ISBN 978-84-261-0777-0 (cartoné)
ISBN 978-84-261-1406-8 (rústica)

Núm. de edición de E. J.: 13.591
DL B 33575-2011
Impuls 45, Avda. Sant Julià, 104-112 - 08403 Granollers (Barcelona)
*Printed in Spain*

# LOS CIGARROS
## DEL
# FARAON

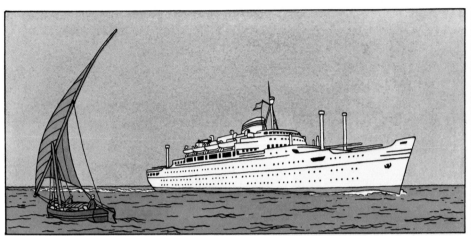

Sí, Milú, mañana llegaremos a Port Said y haremos escala.

¡Otra escala...! ¿Cuándo llegaremos a término?

Atravesaremos el Canal de Suez. Luego, escala en Aden.

Después otra escala en Bombay, otra en Colombo, en la isla de Ceilán.

¡Es el cuento de nunca acabar!

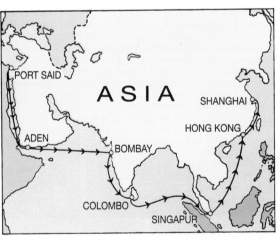

PORT SAID

ASIA

SHANGHAI

HONG KONG

ADEN

BOMBAY

COLOMBO

SINGAPUR

Luego Singapur, después Hong Kong, y finalmente Shanghai, término de nuestro viaje.

¡Qué magnífico crucero! ¿Verdad, Milú?

¿Lo encuentras divertido: un barco lento como una tortuga y donde no pasa nada?

¡Deténganlo...! ¡Deténganlo...!

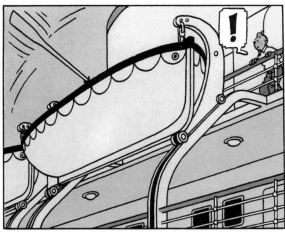

¿Qué hace usted ahí?

Como usted ve, estoy remando.

¡Pero si el bote no está en el agua!

¡Toma, es verdad! ¡Es usted muy observador, joven!

Pero ¿por qué estaba yo remando?

Sería para encontrar el papiro que cayó al agua, quizás...

¿Mi papiro al agua? ¡Jamás de la vida! ¡Mire, aquí está este precioso manuscrito!

Y entonces, el papel que voló, ¿qué...?

Sí, ¿qué papel era ese?

¡Ah!, sí, ahora recuerdo, era un prospecto de una agencia de viajes. Jamás hubiera dejado escapar el inestimable papiro del plano de la tumba del faraón Kih-Oskh. Todos los sabios que intentaron hallar esta sepultura...

... desaparecieron misteriosamente. ¡Pero yo, Filemón Ciclón, seré el primer egiptólogo que sacará a la luz este monumento!

Le deseo que así sea... Pero, dígame, ¿qué significa ese raro dibujo?

No sé. Creo que es el signo real de Kih-Oskh. Pero si usted se interesa por esto, venga mañana a Port Said. De allí marcharemos a El Cairo, y desde allí al lugar indicado en el plano.

Con mucho gusto.

¡Hasta mañana, amigo! ¡Adiós, nene, hasta la vista!

¡Qué tipo tan raro!

¡Mil perdones, comandante!

¡Imbécil! ¿No podría usted mirar dónde pisa?

Perdone, le tomé por un respiradero...

¡Cretino!

¡Oiga, caballero, esto no se hace!

Este señor no le ha empujado ex profeso.

¡Hasta luego, queridos colegas!

¡Especie de mequetrefe, no se meta usted en esto! ¡No sabe usted con quién está tratando!

Un día va usted a sentir haberse atravesado en mi camino. ¡Sepa que mi nombre es Rastapopoulos!

¿Y a nosotros, qué...?

¿Rastapopoulos? ¿Rastapopoulos? ¡Ah, ya sé! Es el millonario, el director de la célebre productora de cine Cosmos Pictures... Sí, sí, no es un cualquiera...

Aquella noche...

...papiro. ¡Cuidado! Ha conocido a un joven periodista de quien hay que desconfiar. Deben desaparecer en la primera escala.

Al día siguiente...

¡Ha entrado!

¡Sí, vamos!

¡Adelante!

TOC
TOC
TOC

¿Responde usted al nombre de Tintín?

Sí, soy yo...

¡Queda detenido en nombre de la ley!

?

4

¿Qué dice? ¿Yo detenido...? ¡Debe de ser una broma...!

¿Una broma...? ¡Vamos a abrir uno de esos cajones y verá usted si es una broma!

El que le ha denunciado no nos ha mentido: ¡aquí está la cocaína!

Al día siguiente...

¿Quién habrá escondido la droga en ese cajón?

Alguien busca mi perdición... Pero ¿por qué?

Sí, ¡misterio!

¡Pensar que estamos en Port Said, a pocas brazadas del muelle, y que yo estoy prisionero en esta bodega!

¡Hum..., pero... esa embarcación que deriva lentamente me está dando una idea!

Un poquito más y el mástil estará al alcance de mi mano...

¡Oiga...!, hum, ¿quiere usted llevarme a tierra...?

Unos minutos más tarde..

¡Ya estamos en Port Said, Milú!

¡Vaya, qué sorpresa tan agradable!

¡Buenos días, señora!

Mientras tanto..

estupefacientes. Se escurrió de entre las manos de los agentes. El sabio ya había desembarcado; probablemente ya habrán salido para El Cairo. Hagan lo necesario según mi carta anterior.

¡Como me llamo Hernández, que no irá muy lejos!

Yo aún diría más: ¡no irá muy lejos, como me llamo Fernández!

⑤

Más tarde, por los alrededores de El Cairo...

Según el plano no andamos lejos del lugar donde se encuentra la tumba.

Unos instantes después...

Bueno, espérenos usted aquí. Regresaremos a última hora de la tarde.

¡Bien, effendi!

¡Comprenderá que un descubrimiento de tanta importancia debe ser rodeado del mayor secreto!

Tiene usted razón.

¡Parece que conozca perfectamente este terreno!

En absoluto, pero el papiro da indicaciones muy precisas.

Está muy cerca de aquí...

¡Tiene usted un gran sentido de la orientación!

Si el papiro dice la verdad, aquí mismo deberemos encontrar la tumba de Kih-    Oskh.

¿No se lo decía yo? ¡Esta es! ¡Esta es la tumba! ¡Oh noble faraón, aquí me tienes!

¡Ah! ¡Qué gloria para mí! ¡El nombre de Filemón Ciclón tiene asegurada la inmortalidad!

¡Vaya!, ¿qué querrá Milú?

GUAU GUAU

¡Un puro! ¿Un puro aquí? ¡Qué cosa más rara!

¡Cáspita! ¡Más extraño todavía! ¡Lleva el signo del faraón en la vitola...!

FLOR FINA

Tengo curiosidad por saber lo que pensará el señor Filemón de esto...

¡Vaya! ¿Qué pasa...? ¡Ha desaparecido...!

¡Fíjate, Tintín, el mismo signo del puro!

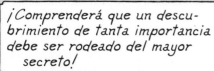

¡Qué cosa más rara! ¿Dónde se habrá metido?

¡Eeeh! ¡Señor Filemón! ¡Eeeh!

¡Nada! ¡Como si se hubiera evaporado...! Y aún me parece oírle decir: "Todos los sabios que intentaron encontrar esta sepultura desaparecieron misteriosamente".

¡Tintín, tengo miedo...! ¡Tengo la impresión de que nos amenaza un peligro...!

¡Guau! ¡Guau! ¿Qué? ¿Qué pasa...?

¡Oh! Esto explica la desaparición del señor Filemón... Solo nos queda entrar nosotros ahí dentro.

¿Entrar ahí dentro...? Brrr...

¡Adelante, Milú, pero seamos prudentes!

CLAC

¿Has oído, Milú? ¡La tumba se ha cerrado!

!

¡Vaya...! ¡Aquí están todos los sabios que han violado la sepultura del faraón Kih-Oskh...! ¡Los desgraciados pagaron caro su descubrimiento!

¡No, no, esto no ocurrirá así! No me dejaré momificar... ¡Hemos de salir de aquí sea como sea!

¡Un paraguas! ¡El paraguas del sabio...! ¡Pobre señor Filemón, ¿qué le habrá ocurrido?

Y aquí sus puños... y su levita... ¡Busquemos, Milú, busquemos!

CLAC

¡Truenos! ¡Otra puerta que se cierra a nuestro paso!

¡Ahora sí que somos prisioneros del faraón Kih-Oskh, o de uno de sus sucesores!

¡Vaya! ¿Qué es lo que hay allí?

¿Cajas? Vamos a ver lo que contienen...

¡Anda, si son cigarros...

... y llevan el mismo signo!

Sí, son exactamente iguales al primero que he recogido.

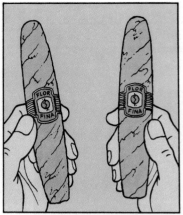

Quizás en el interior de estos cigarros se halle la clave del enigma. Veamos...

¿Pero qué me ocurre...? Se me va la cabeza...

Este olor... Ya entiendo... un narcótico... quieren...

¡No! ¡Eso nunca!

Mientras tanto...

El señor barbudo me dijo que les esperase, y como no volvían, les llamé y grité, pero nadie me contestó.

La siguiente noche...

Bien. EL SERENO ha venido a la cita. Descarguen los camellos.

Demos la señal.

Ya está ahí la caravana. Echen en seguida la chalupa al agua.

Que Alá sea contigo, Mohammed... ¿Traes la mercancía?

Sí, effendi. Todo está en orden...

O.K... Que se apresuren. El patrón tiene prisa: teme a los guardacostas...

Qué idea tan curiosa han tenido, ¡camufla las cajas en sarcófagos...!

Una idea del jefe, sin duda.

Tres cuartos de hora después...

Ya está, jefe. Todos los paquetes embarcados.

¡Uf! Respiro. Podemos levar anclas.

¡El yate de Allan Thompson! ¡Esta vez será nuestro ese contrabandista!

¡Truenos! ¡Los guardacostas! ¡Todos los paquetes al agua! ¡Pronto!

PLUF

Y una hora después...

¡Suerte que me deshice a tiempo de la mercancía; si no, me pescan!

Un mensaje, jefe... Llegó mientras estaba a bordo la policía.

Dame.

Tres sarcófagos enviados por error. Contienen individuos que guardaréis a bordo hasta nueva orden. Muy importante.

¡Maldición! ¡Los hemos echado al agua! ¿Cómo encontrarlos ahora...?

Ya es de noche... y de aquí a mañana Dios sabe dónde habrá llevado la corriente esas malditas cajas...

Al día siguiente al amanecer...

CRAC

¡Milú!

¡Mira! ¡El tercer sarcófago se abre!

... ga... se... dos... pa... do... nen...

¿Qué? ¿Qué dice...? Hable más fuerte. El viento me impide oír sus palabras.

¿Cómo? No entiendo una palabra de lo que me dice.

... el... era... son...

... na... pa... pa... e... or... a... er... nes... a...

¡Le digo que no le entiendo!

Es inútil que siga desgañitándome. La corriente nos separa cada vez más. Por lo menos estamos los dos juntos, mi querido Milú. Voy a atar tu caja a la mía.

Y ahora vamos a ver si podemos pescar algo. Estoy seguro de que tú también tienes hambre.

¡Y que lo digas!

¡Ya está!

¡Seguramente es un pez gordo!

Si esto es todo lo que hay en estos parajes, no nos queda más que morir de hambre...

... o ahogarse, pues se levanta viento y el mar empieza a encresparse.

Es inútil que sigamos buscando. Jamás los encontraremos.

¡Náufrago a babor!

Bien. Echad una chalupa al agua y traedme a ese individuo.

Hemos encontrado un sarcófago y a su ocupante, Filemón Ciclón. Imposible seguir debido al mal tiempo.

Cuando recibas la respuesta, tráemela. Yo vuelvo al puesto de mando.

O.K., capitán.

¡Qué asco de tiempo! Y el barómetro sigue bajando. ¡La que nos espera!

Tome, la respuesta.

Haced prisionero al hombre recogido. Si es imposible encontrar las otras dos cajas, desistid. Presentaos en el Centro 3.

¡Bueno, esto me gusta...! ¡Vamos, en ruta hacia las Indias!

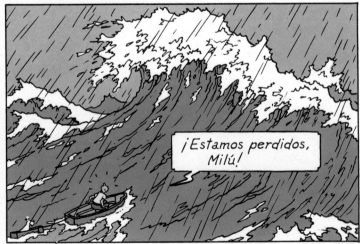

¡Estamos perdidos, Milú!

¡Ah! ¡Por fin despierta!

¿Dónde estoy?

Ya me acuerdo... Una ola gigantesca se abalanzó sobre nosotros. Y luego... nada...

¡Hola, joven deportista! ¿Ha dormido bien?

Sí, pero, ¿cómo es que estoy aquí?

¡Le hemos pescado en el momento en que iba usted a echarse un buen trago!

¡Ah!, fue usted quien... ¡Le debo la vida, capitán!

No tiene importancia... Me gustaría saber qué estaba usted haciendo dentro de un sarcófago a diez millas de la costa de Arabia.

¡Ah, pues a mí también me gustaría saberlo!

Aquí le presento al señor Oliveira da Figueira, de Lisboa, que es mi pasajero.

Encantado.

Mucho gusto, señor, encantado...

... y me ofrezco inmediatamente: puedo proporcionarle a precios sin competencia todos los artículos de primera necesidad.

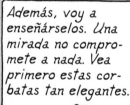

Además, voy a enseñárselos. Una mirada no compromete a nada. Vea primero estas corbatas tan elegantes.

¡Espléndido...! ¡Maravilloso...! ¡Las tonalidades de esta le van muy bien a la cara...!

¡También tengo magníficos sables de verdadero acero toledano!

¡Y como regalo, un despertador, un cepillo de dientes y un bolígrafo!

Suerte que no me he dejado convencer por ese hombre. A esa gente acaba uno por comprarles un montón de cosas inútiles.

Ya está a la vista la costa árabe donde vamos a desembarcar.

Haga el favor de llevar todo el material allá arriba.

¿Se instala aquí? ¡Pero si esto es el desierto! No encontrará un solo cliente.

Espere, voy a hacer un poquito de publicidad.

¡Oigan, oigan! ¡Salaam aleikum! El senhor Oliveira da Figueira los saluda...

... Trae para ustedes las más maravillosas riquezas de los países de Occidente. Los invita a admirarlas.

¡El blanco-que-vende-de-todo!

¡Que los nobles hombres del desierto se pongan en camino! ¡El senhor Oliveira da Figueira los recibirá con los brazos abiertos!

¿No es bonito este sombrero? ¡Ya me dirá si algún rey ha llevado nunca un sombrero como este!

¡Cómo se va a alegrar mi mujer!

Bueno, ¿qué le parece? ¿No es eficiente esto? Y lo que es mejor: ¡mis clientes vuelven!

كلّب كلّب
!

¡Hijo de perro sarnoso, he comido el producto que me has vendido y mira lo que me pasa!

¡Cáspita, se ha comido el jabón!

¡Antes de la nueva luna, mi amo, el sheik Patrash Pasha, os habrá castigado!

14

Al día siguiente..

El paisaje es pintoresco...

¡Ahí está!

¡Qué tranquilidad, qué descanso, qué silencio!

¡Patrash Pasha quedará satisfecho!

Salaam aleikum, poderoso sheik: el prisionero está aquí.

¡Que me lo traigan!

¡Ajá! ¡Aquí estás! ¡Eres tú quien ha intentado envenenar a los nobles hombres del desierto, especie de perro!

¡Y tú, especie de hombre!

¡Aquí no necesitamos los productos putrefactos de vuestra corrompida civilización!

¿Cómo te llamas?

¿Qué te importa mi nombre? No te dirá nada.

En mi país me llaman Tintín.

¡Tintín...! ¿Es posible...? ¡Alá es grande...! ¡Ven a mis brazos!

Hace años que leo tus aventuras. ¡Mira...! ¡Así sea tres veces bendito el día de nuestro encuentro!

¡Toda una escena que hay que volver a empezar por culpa suya, animal!

¡Ese borrico ha estropeado mi entrada!

¡Caramba, si están rodando una película!

Usted merecería que...

Caballero, he cometido una equivocación. Estoy avergonzado.

¿Qué ocurre aquí?

Este individuo nos ha hecho estropear celuloide...

Si no me equivoco, era usted el que estaba a bordo del EPOMEO y con quien tuve una pequeña discusión...

En efecto, señor Rastapopoulos.

¡Bien, pues no tuve razón en enfadarme!

¡Y yo hice mal interfiriéndome en su película!

¡Bah! No tiene importancia... Estábamos filmando una superproducción titulada "Odio de Arabia", y hemos tenido que reproducir una ciudad no lejos de aquí.

Sí, ya la he visto.

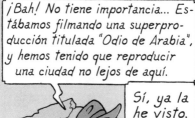

¿Y usted qué hace solo en medio del desierto? ¿Querrá usted explicarme todo esto?

Con mucho gusto.

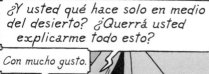

Una hora después...

... Y esta es toda la historia, señor Rastapopoulos. ¿Verdad que es extraordinaria?

¡Sí, es verdaderamente asombrosa!

Siento mucho que no pueda quedarse más tiempo con nosotros.

Es usted muy amable... pero el comandante del butre se inquietaría por mí.

Mira, Milú, dentro de unos instantes estaremos a bordo.

Mientras tanto, en el mar Rojo...

Hum... mira las nuevas órdenes:
1) abandonar la pista Tintín;
2) ocuparnos del tráfico de armas en las costas de Arabia.

¡No hay ni un alma en cubierta!

¡Qué cosa más rara, ni un triste gato!

¡Vaya, me equivoqué: ahí viene el del cocinero...! ¡Quieto, Milú!

GRRR

¡Guau! ¡Guau!

¡Milú, haz el favor de venir!

?

¿Qué es esto? ¡Ametralladoras debajo de esta vieja vela...!

¡Y aquí fusiles, escondidos bajo estos paraguas...!

¿Dónde se habrá metido ese gato?

PARAGUAS

ABAJO

¡Y en estas cajas un montón de municiones! ¡Esto es un verdadero arsenal!

CARAMELOS

CARAMELOS

¡Y además, fusiles ametralladores! ¡Vaya, francamente, estaba lejos de imaginar que este pacífico barco hiciese contrabando de armas!

FRÁGIL

Conque le interesa esto, ¿eh?

? !

Le había visto subir a bordo. ¡Enhorabuena! Ignoraba que era de la policía.

¿Yo? Pero si...

¡Capitán, tú venir deprisa! ¡Peligro!

Si usted ha sido quien me ha denunciado, sepa que mi barco está minado. Lo volaré antes que rendirme.

¡Ah, estás ahí, Milú! ¡Ven en seguida a desatarme!

BUM BUM BUM

¿Qué ocurrirá allá arriba en el puente?

¡No se oye nada ahora! ¡Parece como si todo el mundo hubiera huido!

¡Qué banda de cobardes!

¡Dios mío, sí, es eso...! ¡Nos han dejado solos en el barco lleno de explosivos!

Voy a intentar salvarme.

BUUM

¡Uf! Creí que volábamos... Y probablemente no ha sido más que un barco que nos ha dado un golpecito un poco fuerte.

Silencio... Pasos... Bajan...

¡Por suerte, no faltan armas para defenderse en caso de necesidad!

¡Ajá! ¡Tintín, por fin nos encontramos...! Tráfico de cocaína, contrabando de armas, rebelión contra la autoridad... ¡Su caso está claro, muchacho!

¿Detenido? A menos que...

Levantaré gentilmente los brazos y luego...

PAN
PAN
PAN

¡Rápido, den la luz! ¡Ya lo tengo!

¡Yo también! ¡Ya lo tengo!

No ha podido salir de la bodega. Busquemos.

Por este lado no está...

Ni por este...

Ese bribón no puede estar muy lejos.

Yo aún diría más: ¡no puede estar muy lejos!

BLUB... BLUB...

?

¿Has oído?

Sí, y el ruido estaba muy cerca.

BLUB.. BLUB

¡No hubiese podido resistir un segundo más bajo el agua, en ese barril!

¡Salvado!

¡Suerte que se le ha enredado el pie en un cabo...!

¡Dense prisa, se va a ahogar!

Atrapa tú al perro, mientras yo pongo las esposas a su amo.

¡Queda detenido en nombre de la ley!

¡No, este no me ha mirado bien a mí!

¡Ven, caramba! ¡Aquí!

ABAJO

¡Sálvese quien pueda!

?

¡El perro ha hecho caer una granada...! ¡Vamos a volar!

Qué raro... Ha dejado de perseguirme...

MODO DE EMPLEO

ARRIBA

ABAJO

¡Sálvese quien pueda! ¡Corten las amarras! ¡Todo va a volar!

¡Cáspita, el prisionero...!

¡Es verdad, lo olvidamos!

¿Qué mosca les ha picado? Lo hacen todo para atraparme, y luego cuando me tienen, se largan.

¡Pobre tipo, hay que ver!

Sí... Dime, ¿tarda mucho en estallar una granada...?

Mira, Milú, si estas granadas hubiesen tenido la espoleta montada, no estaríamos ya en este mundo...

Sí, ha hecho "pfuit", y se acabó...

ARRIBA

¡Vamos, Milú! No nos quedemos aquí.

Y ahora debemos dirigirnos al campo de la Cosmos. Solamente el señor Rastapopoulos puede ayudarnos a continuar nuestro viaje.

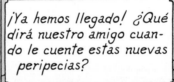

¡Ya hemos llegado! ¿Qué dirá nuestro amigo cuando le cuente estas nuevas peripecias?

¡Pero, querido, si parece el guión de una película! ¡Como si un poder oculto buscase su perdición!

A la mañana siguiente...

¡Buen viaje!

¡Hasta la vista... y otra vez gracias!

Todavía no explota...

Debe de ser una granada de efecto retardado...

22

Mañana, si todo va bien, estaremos en Yabbecca... Pero tenemos que ahorrar el agua...

... porque no hay ningún pozo en nuestro camino... Y el desierto, sin agua, ¡es la muerte!

PAM PAM

¡Al suelo, Milú!

PAM

PAM

BING

¡¡Mi cantimplora!!

Se oye el galope de un caballo. ¿Será que...?

Sí, eso es: viendo que ha errado el tiro, mi misterioso agresor emprende la huida.

Sí, las balas no me han tocado, pero me han agujereado la cantimplora... ¡Y eso es igual de grave!

Han pasado varias horas...

¡Salvados, Milú...! ¡Un oasis...!

¿Ves como no hay que desesperar jamás?

!

ATENCIÓN
OASIS PELIGROSO
A 100 M.
DONADO POR EL T.C. DE ARABIA

¡Ay! Mi querido Milú, nos hemos alegrado demasiado pronto...

¡Hurra, Milú! ¡Estamos salvados!

¡Mira, esta vez no es un espejismo...!

¡Qué bien! ¡Beberemos!

¡Allí hay dos beduinos! Les pediremos agua.

¡Ellos!

¡Él!

¡Él!

En nombre de la ley...

¡Mira que eres burro! Si no te hubiera hecho caso, no nos habríamos puesto estas túnicas en las que se enredan los pies...

¡Y tú un asno! Si no nos hubiéramos disfrazado de árabes, jamás se habría acercado a nosotros...

Parecía agotado. Le alcanzaremos pronto.

¡Mira, ahí está!

¡Sí, es él!

CLAC

؟؟ الرّصاص؟ استدرت يبربي ؟ ايّدا ؟؟

¡Córcholis, no era él!

Yo aún diría más: ¡no era él!

En marcha, Milú. ¡No perdamos el ánimo!

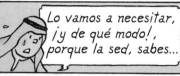

Lo vamos a necesitar, ¡y de qué modo!, porque la sed, sabes...

Allí... no estoy soñando... ¡hay palmeras...! ¡una ciudad...! ¿Ves como no hay que desesperar jamás?

¡Agua, Milú, agua...! ¡Ah, qué felicidad!

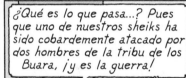

Y esta ciudad... ¡Mientras no sea otro decorado...!

¡Vaya! ¿Qué ocurre aquí?

¿Qué es lo que pasa...? Pues que uno de nuestros sheiks ha sido cobardemente atacado por dos hombres de la tribu de los Buara, ¡y es la guerra!

¡Cáspita, sí que he elegido un mal momento para llegar aquí!

MOVILIZACIÓN GENERAL

¡Oiga, usted, que no está por ahí la Caja de reclutamiento!

¿Para qué?

¡Ah! ¡Conque para qué!, ¿eh? ¡Va a ver si le enseño yo a tomarle el pelo al sar-     gento Ibn-Abou-Bekhr!

CAJA DE RECLUTAMIENTO

¡Un insumiso, mi capitán! ¡No quería venir a alistarse!

¡Conque insumiso!, ¿eh? Ya lo veremos. ¡Ocúpese usted de él, sargento!

Uno... dos... izquierda... derecha... ¡Yo os domaré, muchachos!

¡Alto! Basta por hoy. Mañana marcha de entrenamiento. 60 kilómetros. ¡Rompan filas! ¡Fuera!

¡Por fin descansaré! ¡BEH-BEHR!

¡BEH-BEHR!

Otro pobre tipo que se la va a cargar...

¿No oye que le llaman? No me gusta que se burlen de mí.

¿Yo? Pero si...

¡Arrestado cuatro días! Y ahora vaya a limpiar el despacho del coronel. Marchen.

¿Cómo he podido olvidar que me alisté con el nombre de Beh-Behr?

FLOR FINA

¡Vaya, esta vitola es la misma que la de los cigarros del faraón! ¡Qué extraordinario!

¡Si pudiera descubrir una caja de esos dichosos cigarros...!

¡Hurra, aquí hay una!

 ¡A las armas! ¡Un espía!

 ¡Rápido! ¡Rápido! ¡Deténganlo!

 ¡No ha habido suerte! Justo en el momento en que los cigarros quizá iban a revelarme su secreto...

 Espionaje... y en tiempo de guerra... La cosa se presenta mal...

 ... En consecuencia, el soldado Beh-Behr es condenado a muerte. La ejecución tendrá lugar mañana al amanecer. El juicio será comunicado inmediatamente al condenado...

 ¿Fusilado...? ¡Voy a ser fusilado...! ¡Pobre Milú, se acabó!

 Un mensaje: "¡Valor, alguien vela por usted! Una amiga." ¿Una amiga? ¿Aquí...?

 Esta será mi última noche. A menos que...

 ¡Tintín...! ¡Tintín...!

?

 ¿Quién... quién es usted?

Chisst... Tenga una lima: sierre las rejas.

 ¡Dese prisa, que el alba se avecina...!

RRRH
RRRH
RRRH

 ¡Ya está!

¡Vamos, venga!

 ¡Deprisa, escape!

¡Ya voy!

 ¡Libre!

 ¡ALTO, O DISPARO!

!

¿Ves qué buena idea he tenido adelantando la hora de nuestra ronda?

¡Qué desgracia! ¡Lo han vuelto a apresar!

Está amaneciendo. Se acabó. Mi última esperanza se ha evaporado.

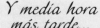

Y media hora más tarde...

¡Atención...! ¡Apunten...!

¡FUEGO! PAM PAM PAM PAM

¡Tintín!

¡Miserables, han matado a Tintín!

Lo reconocí a pesar de su disfraz. Sabiendo, venerado maestro, lo importante para usted que era su desaparición, le he hecho condenar a muerte. La ejecución ha tenido lugar esta mañana.

¡Hi, hi, hi! ¡No le veré más! ¡Hi, hi, hi! Voy a dejarme morir encima de su tumba...

BEH-BEHR ESPÍA

Aquella noche...

TOC TOC TOC

Ya está hecho. Todo ha ido bien. Puede usted ir.

Muy bien, aquí está tu recompensa... Y piensa que de tu silencio depende tu vida...

Unos minutos más tarde...

Aquí es...
¡Manos a la obra!

!

¡Guau, guau,
guau!

¡Cállate, que vengo a
salvar a tu amo!

¿Salvar a
mi amo?

¿Tintín...? ¿Tintín...? ¿Está ahí...?

Sí.

?

Señora, me ha salvado la vida
y jamás podré...

¡Venga!

¿Adónde?

No pregunte.
Sígame.

Ya hemos llegado.

¡Entren,
rápido!

Señoras, nunca olvidaré lo que han hecho
por mí. Poco antes de la ejecución, el cabo
me dijo que los fusiles estarían descargados,
pero que debía dejarme caer al suelo en el
momento de la salva y hacerme el muerto.
Obedecí, y me felicito... ¿Pero quiénes son
ustedes, que me han salvado la vida...?

¿Quiénes somos?
¡Pues, mírenos!

¡¡¿Uste-
des?!!

¡Sí, nosotros! Nosotros,
que hemos desafiado mil
peligros para arrancarle
de la muerte.

Pero, ¿por qué?
¿Por qué lo han
hecho?

¿Por qué? Porque tene-
mos orden de detener
a Tintín, traficante de
armas, traficante de
estupefacientes... ¡y una
orden es una orden!

TOC
TOC
TOC

?

¡Abran! ¡Abran deprisa! Soy el sepulturero...

¡Estamos perdidos, todo ha sido descubierto! Los soldados vienen hacia aquí y nos van a matar a todos.

Es aquí... ¡Derriben la puerta!

Allí... ¡Miren, se han escapado por los tejados!

¡Y han quitado la escalera!

¡Media vuelta! ¡Los cogeremos!

Ya se han marchado. ¡Uf...! ¡Huyamos!

¡Vamos, no hay un segundo que perder!

¡Truenos, es el condenado! ¡Traición! ¡A las armas! Por aquí...

¡El espía...! ¡Muerte el espía...!

¡Un avión...! ¡Si pudiese hacerme con él...! Pero no puede ser, está vigilado...

¿Qué hacer...? ¡Oh! Tengo una idea... ¡Socorro...!

¡Socorro! ¡Socorro! ¡Sálveme! ¡Ese perro está rabioso!

¿Yo, rabioso?

¡Mi jugada ha tenido éxito! ¡Vía libre!

¡Uf...! ¡Ya era hora de despegar!

¿Qué? ¿Que ha huido? ¡Y además en avión! ¡Banda de atontados! ¡Que lo persigan y lo derriben! ¿Entendido?

¡Allí... un punto en el horizonte!

Todo va bien: él no se imagina que lo perseguimos...

¡Qué bello es vivir, Milú!

! TACATACATAC

¡Cáspita! ¡Solo hay una escapatoria: bajar en picado!

TACATACATAC

¡Hurra, lo hemos tocado!

¡A eso se le llama dar en el blanco!

Misión cumplida, mi coronel. Le hemos derribado.

¡Bien, muy bien!

Es el truco clásico, mi querido Milú: dejarse caer y desaparecer bajo las nubes... ¡Ahora tenemos que salir de ellas, porque baja el nivel de la gasolina!

!

¡Diablos! No hay modo de aterrizar en esta jungla...

... ni hay el menor claro a la vista... Me pregunto si...

¡Ya está, se acabó la gasolina: se para el motor...!

¡Atención, Milú, cuidado con la sacudida!

CRAC

¡El botiquín...! ¡Ya solo nos falta el manual!

PRIMEROS AUXILIOS

Eso es todo... ¿No?...

Y ahora se trata de averiguar dónde estamos. En la India, probablemente, pero ¿en qué lugar?

!

No tengas miedo, hermanito, Milú no haría daño ni a una mosca.

¡Guau! ¡Guau!

¡Pero, vaya; tú estás enfermo! Tienes fiebre... Espera, precisamente tengo lo que te hace falta.

Voy a darle quinina a este pobre animalito.

Un solo tubo creo que bastará.

¡Anda, trágate esto!

¿Qué, ya estás bien?

¡Eh, hermanito, calma!

¿Quieres soltarme, sí o no?

¿Pero adónde diablos quiere llevarme?

?

Bawh... Treet... Es un hombrecito que me ha curado de la fiebre elefantesca.

Como parece que están discutiendo entre ellos, ¡aprovecharemos para irnos!

Teerht... Obghr... Wahgml... ¡Alto, pequeño! Debes quedarte con nosotros. Serás nuestro médico.

Varios días después...

¿Qué estoy haciendo? ¿Has notado que cuando los elefantes hablan entre sí emiten unos sonidos parecidos a los de una trompeta?

Pues pensé que estudiando su lengua y sirviéndome de una trompeta para hablarles, llegaría quizás a hacerme entender. Por eso fabrico este instrumento.

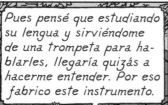

Y, además, no es muy complicado el idioma de los elefantes. Sol, la, si, do, significa sí. Do, si, la, sol; no. Beber se expresa por sol, sol, fa, fa... Claro que lo difícil es coger el acento.

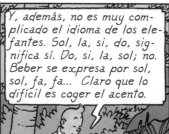

¡Uf...! ¡Qué calor...! Y si probase...

♪♪♪♪♪♪

¿Lo habrá entendido?

¡Vuelve! ¡Lo ha entendido! ¡Hurra! ¡Ya sé hablar elefante!

Y ahora quédate aquí. Voy a pasear.

Ya era hora de explorar los alrededores.

!

¡El signo de Kih-Oskh aquí! ¡¡Es increíble!!

¡Vaya! ¿Quién habrá pintado este signo?

La niña ♪ ♪ que ja la mar ♪♪

¡No es posible!

¡El profesor Ciclón!

¡Buenos días, profesor! ¿Cómo es que le encuentro aquí?

Explíqueme, qué le ha pasado desde que en el mar Rojo...

¡Chist! ¡No hable tan alto...!

Se lo diré, pero tiene que jurarme que guardará el secreto.

De acuerdo, le escucho...

Pues bien, es eso: ¡yo soy Ramsés II!

Tchip, tchip... Pero sobre todo no se lo diga a nadie. Estoy aquí de incógnito.

¡Pobre, se ha vuelto loco! No podré saber nada hasta que esté curado. Pero ¿dónde encontraré un médico?

¿Dónde...? ¡Pero si es muy sencillo!

Yo también tocaba el piano cuando era pequeño...

¿Qué querrá de mí ahora el hombrecito?

¡Buenos días, mi querido Sesostris!

Condúcenos a algún lugar donde haya hombres blancos.

¡Ah, aquí hay un bungalow!

Buenos días, caballero. Dispense si le molesto...

... pero verá, he encontrado a este hombre errando por la jungla. Se diría que ha perdido la razón. ¿Hay un médico en las cercanías?

Ha caído en el lugar apropiado: el Dr. Finney está precisamente de visita por el distrito. Voy a hacerle llamar en seguida.

¡Mira...! ¡¡Nuestro signo!!

**Poco después...**

*Y esta es toda la historia, doctor. ¿Cree usted que ese pobre hombre podrá algún día recobrar la razón?*

*Es posible... En todo caso, debe ser conducido inmediatamente a un sanatorio. Hay uno a treinta millas de aquí; el director es amigo mío. Puede llevar al enfermo mañana mismo.*

*Mientras tanto, es usted mi invitado. Precisamente he organizado una pequeña recepción para esta noche.*

*Aquella noche...*

*Tintín... Nuestro simpático pastor Mr. Peacock...*

*... Mr. Y Mrs. Snowball...*

*... el célebre escritor Zlotzky.*

*¡Vaya, mayor, tiene usted aquí un arma curiosa! ¿Es un puñal hindú?*

*Es un khuttar...*

*... de hoja llamada "lengua de buey". Me la regaló un faquir que me aseguró que esta arma tiene el poder de ir a clavarse por sí sola delante de cualquier persona amenazada de un grave peligro.*

*Pero voy a enseñársela más de cerca.*

**!**

**¡¡OH!!**

*Dispense... Supongo que no verá usted en esto un presagio siniestro.*

*De ningún modo: es pura coincidencia. Y además no soy tan impresionable.*

**BANG**

No se preocupen: es el viento. Creo que vamos a tener un tornado.

OOOOOOH

¡Corra...! Venía de la habitación del sabio...

¡¡La habitación está vacía!! Habrá salido por la ventana.

¡SOCORRO...! ¡SOCORRO...!

¡Es la voz de mi mujer!

¡OOH!

Se ha desmayado en el momento en que yo entraba...

¡No hay nadie!

¡Dios mío...! ¡Dios mío...! ¡Un fantasma...! ¡He visto un fantasma...! ¡Qué horror!

¡¡El puñal que estaba encima de la mesa!! ¡¡Ha desaparecido!!

¡Sahib, sahib...! ¡He visto un espíritu, un espíritu blanco que corría hacia la selva!

¡Raro fantasma el que se apodera de un puñal...! Es imposible perseguirle esta noche. Mañana por la mañana ya veremos... ¡Mientras tanto, tomemos un whisky!

A la mañana siguiente...

¿El joven sahib? Salió para la selva al amanecer.

¡No pierdas el rastro, mi querido Milú!

¡Allí...! ¡Su sombrero...!

Sí, es su sombrero... ¡Estamos sobre la pista!

¿Qué te parece este sombrero, Milú?

¡Pero, bueno, se ha vuelto un loco peligroso...! ¡Huyamos!

¡Por suerte su brazo se ha enredado en una liana; si no...!

40

¡Alto ahí, hombrecito!

!

Mi puñal... Buaa... Yo quiero mi puñal...

¡Ni pensarlo!

¡Anda, a su edad, llorar como un bebé!

Y ahora va usted a decirme por qué intentaba matarme. ¡Vamos, conteste!

No soy yo, son los ojos...

¿Los ojos? ¿Qué ojos?

¿Qué ojos? ¿Qué ojos...? ¡Ah, sí, ahora me acuerdo!

No, ♩♩ mis ojos ♩♩ ♩♩ no te verán más ♩♩ ♩. ...

Ramsés II, vuelva usted inmediatamente adonde están los ojos. ¡Vamos, en marcha!

Voy a seguirle a distancia... Quizá tenga la ocasión de descubrir la clave del misterio.

¡Oh, los ojos!

Bueno, ¿ya has matado a Tintín?

No, él no se ha dejado matar...

¡¡Inútil!! Está bien, emplearé al hombre que escribe... Él al menos no habrá de ser hipnotizado.

¡Arriba las manos!

Usted... Yo... ¡Oh!, estos ojos...

¡Ja, ja, ja...! ¡Ya eres mío!

Espere... Sorprendidos de saber que está usted vivo todavía, dieron la orden de hacerle desaparecer. El loco era el que debía suprimirle, y por eso ha sido hipnotizado...

Bien... pero ¿y el nombre del jefe?

¡No... es imposible... no puedo...! Castiga terriblemente a los que le traicionan...

¡Sin embargo, quiero saberlo!

Se llama... es...

¡Había alguien detrás de las persianas!

Es inútil, ya he sido castigado... Es la venganza de la banda. Esta flechita ha sido envenenada con jugo de Radjaïdjah, ¡el veneno que vuelve loco...!

El jefe... Su nombre... El brazo...

¡Deprisa!

Que llueva ♩♩ que llueva la Virgen ♪♩♪♪♩ de la cueva... ♩♩.

Vamos, niños, se acabó el recreo...

¿Quién puede decirme quién fue el sucesor de Ramsés II?

Yo, señor: Napoleón.

Y a la vuelta...

¡Y ahora, en vez de uno, tenemos dos locos!

Los llevaremos mañana al sanatorio.

A la mañana siguiente...

Aquí tiene usted una carta para el director.

¡Ja, ja, ja! ¡Tu vas al sanatorio, amiguito...! ¡Con la carta de recomendación que llevas, te harán un buen recibimiento!!

Aquí tiene una carta del doctor Finney: se trata de estos dos enfermos.

¡Ejem...! Bueno... Ya veo... Muy bien.

Enfermeros, ocúpense de estos dos señores.

¿Quiere usted acompañarme para las formalidades de rigor?

Con mucho gusto.

¡Oh! Todos estos no son peligrosos.

¿Ve usted? Sus amigos serán alojados en una habitación como esta.

CLAC

"Le entregará esta carta en persona, diciendo que se refiere a sus dos compañeros. Es un..."

"... sujeto muy peligroso, así que hágalo entrar en su celda más por la astucia que por la fuerza. Luego no cesará de repetir que está en sus cabales, pero..."

Bueno, señores, su desgraciado amigo estará muy bien cuidado aquí.

Tiene usted toda nuestra confianza.

¡Adiós, señores!

¡Muchas gracias, señorita!

¿Oiga...? Sí, jefe, una carta que he cambiado por otra, imitando la letra del doctor... Decía que el loco era Tintín y...

¡Guau! ¡Guau!

BUM BUM BUM BUM

BUM BUM BUM BUM

¡Si no está quieto, mandaré que le pongan una camisa de fuerza! ¿Entendido?

Pero, señor, esta broma ya dura demasiado. ¡El loco no soy yo, sino los dos hombres que he traído hasta aquí! Le ruego que me crea.

Exactamente lo que me escribía el doctor: "No cesará de repetir que está en sus cabales..."

¿Loco? ¡Me toman por un loco! ¡Es inimaginable!

Aquí tiene su sopa.

¿Mi sopa?

¡La que se va a armar!

¡Mire lo que hago con su sopa!

?

¡Aaaaaah! ¡Aaaaaah!

¡Este es el momento; ahora o nunca!

¡Socorro!

Solo me falta saltar la pared y ¡libre!

¿Pero cómo saltar esta pared?

?

¿Qué hacer, Dios mío? ¿Cómo salir de aquí?

¡Corre, Tintín, que vienen!

¡Ahí vienen, en efecto! ¡Tenemos que escapar de ellos!

¡Oh, tengo una idea!

Zzzzt... Zzzzt...

Escápate por la reja, Milú; te alcanzaré en seguida.

¿Qué va a hacer?

¡Es cuestión de afinar la puntería!

¡Hop!

¡Bye bye!

?!

!

¡Uf, ya está!

¡Y ahora no nos entretengamos!

¡Deténgase! ¡Deténgase! ¡Le digo que se detenga!

¡Cáspita, este me corta la retirada!

O intento saltar al tren en marcha, o me cogen. No hay otra opción.

¡¡¿Y yo qué?!!

¡Oh, qué desgracia! ¡Se escapa!

¡Guau! ¡Guau!

¡Salvado! Mientras Milú tenga la buena idea de seguir la vía... Yo bajaré en cuanto pueda.

¡!

¡Qué feliz coincidencia! ¿Verdad, querido amigo? ¡Habíamos perdido por completo su pista!

Yo aún diría más: ¡qué feliz coincidencia!

¡Mi amo, mi amo! ¡Ya no lo veré nunca más!

¿?  ¿?  ¿?

¡Ya lo tengo!

¡Yo también!

¡Recórcholis, es el revisor!

Yo aún diría más: ¡es el revisor!

¡Corre...! No puede estar lejos...

¡Sí, lejos, no puede estar corre!

¿Es la estación de Arboujah? Uno de nuestros enfermos escapó y saltó al tren que está a punto de llegar. Le daré su descripción...

¡El tren se detiene!

¡Alguien ha tirado de la señal de alarma!

Sí, un jovencito me ha pedido que le escondiese, pero yo he tirado de la señal de alarma. Naturalmente, aprovechó la parada para escapar. Huyó en esa dirección.

SEHRU-ARBOUJAH

No puede llevarnos mucha ventaja. En seguida le alcanzaremos.

¡Ya está, la jugada ha salido bien!

SEHRU-ARBOUJAH

¡Esta vía no se acaba nunca! ¿Dónde irá a parar?

¡Ah, allí hay alguien!

Perdone, señora-vaca-que-mira-pasar-los-trenes, ¿puede decirme a qué hora ha visto el último?

¡Miserable perro! ¿Ignoras acaso que soy un animal sagrado?

¿Usted, un animal sagrado? ¡Qué tontería!

¿Qué es esto? ¡Voy a enseñarte educación, vil animal!

¿Dónde se ha metido?

¡MUUUU...!

¡Guau! ¡Guau!

¡Sacrilegio...! ¡Un perro que ataca a una vaca sagrada!

¡Debe morir!

¡El sacrílego debe morir!

¡Lo inmolaremos en el altar de Shiva!

¿Cómo saldré ahora de la estación? No tengo billete...

No hay error, ese es. Todo coincide con la descripción que nos han facilitado...

¿Qué querrán esos de mí?

¡Ah, ya entiendo! ¡Deben de haber dado parte de mi huida!

¡Alto, usted, alto!

¡ALTO!

¡Suerte que he comprado estos plátanos!

¡Uno!

¡Dos!

¡Espera, bribón, que te pagaré con la misma moneda!

WAY OUT

Y esta será para el tercero...

ZIIP

¡Todo esto para acabar en una camisa de fuerza...! ¡Pobre Milú, si vieses a tu dueño...!

Y mientras tanto...

¡Oh, Shiva-el-destructor, dígnate aceptar el sacrificio que voy a ofrecerte!

¡El director del sanatorio estará muy contento de recuperar...

... a este internado recalcitrante!

¿Y el loco...?

¡Busquémosle que no andará muy lejos...!

¡Libre...! ¡Estoy libre...!

*Mientras tanto...*
¡Muere, pues, criatura infecta...!

¡Detén tu brazo, sacrificador...! Shiva no se contenta con una víctima tan miserable...

¡Se marchó, todo va bien!
Yo aún diría más: ¡todo va bien!

¡Rápido, desatémosle!
Decididamente me había equivocado con estos; ¡son buenos tipos!

¡Je, je! ¡Gracias al perro, vamos a encontrar en seguida a su dueño!

Y en la jungla...

¡Por el Babluth sagrado! ¡Mire allí, Alteza...!

¡Allí! ¡Un joven blanco que ha caído en una trampa!

Perdón, señores, ¿serían tan amables de desatarme?

Pero... ¡por supuesto!

¡Bueno, ha tenido suerte de que hayamos pasado por aquí!

No sé cómo agradecérselo, señor... señor...

Soy el maharajá de Rawhajpurtalah.

¡Alteza, Alteza, el señor tigre está allí, en esa rama gruesa!

PAM

¡Horror, he fallado el tiro...!

GRRR GRRR GRRR

¡Aquí lo tiene usted, Alteza!

?

Y ahora regresemos a palacio. Será usted mi huésped, señor... señor...

Tintín, periodista.

Aquella misma noche...

?

♪♫♪♪

¡Por Brahma! ¡Esa música!

♪ ♪ ♪ ♪

¡Nadie, ya no hay nadie...!

¡Es terrible...! ¿Cómo explicarle...? Mi padre y mi hermano enloquecieron, y precisamente antes de ocurrirles esa desgracia, se dejó oír cada vez esta musiquilla diabólica...

Ahora estoy convencido de que esta terrible advertencia va dirigida a mí...

... el radjaïdjah, el veneno que vuelve loco...

Permítame que le haga una pregunta: ¿Notó usted en el brazo o en el cuello de su padre, o en el de su hermano, la señal de algún pinchazo?

No, ¿por qué me lo pregunta...?

¿Su padre o su hermano luchaban contra el tráfico de estupefacientes, del opio, por ejemplo?

Naturalmente... Yo también continúo luchando. Nuestra región produce la adormidera, de la que se extrae el opio. Aterrorizando a la población, los traficantes han obligado a los campesinos a cultivarla. Ellos les compran la cosecha...

... a bajo precio y les venden muy caro el arroz y el trigo que esos desdichados necesitan, pues ellos no los cultivan. Nosotros estamos intentando luchar contra esa poderosa organización.

Bien, pues ya los tenemos. Escúcheme atentamente, Alteza..

Y al llegar la noche...

¿Ves allí...? Pues es la ventana de en medio...

Cuerda mágica, ¡enderézate!

¡Ja, ja, ja...! ¡Ya está loco de atar el último de nuestros maharajás!

¡Cuidado, que viene!

¿Qué pasa?

¡Anda! ¿Dónde se habrá metido?

¿Estará en el árbol?

¿O "dentro" del árbol?

¡Ajá! Esto suena a hueco...

TOC
TOC
TOC

Todo consiste en encontrar el mecanismo para abrirlo.

?

¡Aquí está!

¡Un pozo!

¡Qué raro!

¿Adónde me conducirá?

Una puerta...

¡Cuidado! Oigo pasos...

?

¡Cáspita, viene otro...! ¡No hay que dudar!

¡OH!

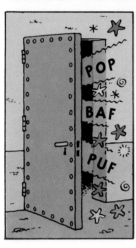

POP
BAF
PUF

¡Ya está!

TOC
TOC
TOC

Hermanos, salvo nuestro jefe, que no podrá asistir, estamos todos. La sesión puede empezar. Tiene la palabra el hermano del Oeste.

Ante todo una gran noticia: hemos aniquilado definitivamente al maharajá de Rawhajpurtalah. ¡En estos momentos, ya ha perdido la razón!

Nada se opone pues, a que...

RRING
RRING
RRING

¿Diga...? Sí, central... ¿Un mensaje de El Cairo...? Un momento, no se retire...

Hermanos, la situación es grave. Nuestro cuartel general de El Cairo acaba de ser descubierto. Solo nuestro jefe ha escapado; llega ahora en avión...

¿Diga...? ¿Cómo...? ¿Que acaban de traerle qué...? ¡Uno de los nuestros desvanecido...! ¡¡Pero si aquí somos siete...!

¡HERMANOS, HAY UN TRAIDOR ENTRE NOSOTROS!

Ya que el reglamento nos impide descubrirnos el rostro, van a decirme uno tras otro la consigna. ¡Mataremos inmediatamente al          que no la sepa!

- - - - - - - - - - - - - - -

Bien. El siguiente.

- - - - - - - - - - - - - - -

Está bien. El siguiente.

Perdone, pero... yo... yo no me acuerdo... Yo...

¡AJÁ!

Querido amigo, voy a contar hasta tres. Si a la de tres no me ha dicho la consigna, ¡lo mato!

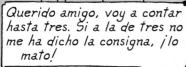

Pero... Yo... Ejem...

¡UNO!

¡DOS!

¡Alto, alto! ¡Ya está, ya me acuerdo...! ¡KIH-OSKH y RAWHAJPURTALAH!

¡Imbécil! ¿No podía haberlo dicho más bajito? ¡Ahora todo el mundo se ha enterado!

¡Bueno! Iré a la otra habitación y de uno en uno vendrán a decirme la consigna de nuestra reunión anterior.

El primero.

El siguiente.

El siguiente.

El último.

CLOC

Buen trabajo... Pero he de decir que he tenido suerte de haber sido llamado el primero... Y ahora, destapemos los rostros de estos fantoches...

El faquir, un japonés, el señor y la señora Snowball, el coronel que me condenó a muerte, y el consejero del maharajá... ¡Es asombroso!

?

¡Tintín! ¡Él aquí...!

¡Pero si cree que unas ataduras pueden inmovilizar a un faquir diplomado...!

¡El faquir ha huido...!
CLAC

¡Cáspita...! ¡No se me puede escapar!

BANG

¡Ja, ja...! ¡Le tengo a mi merced!

¡AAAY!

¡HUY, HUY!

?

¡Arriba las manos!

¡Milú...!

¡Le felicitamos, amigo, ha realizado usted un golpe maestro!

¿Cómo...? ¿Ya no quieren detenerme?

No, porque sabemos que es usted inocente. Nos hemos enterado gracias a una llamada telefónica de la policía egipcia: han descubierto que la tumba del faraón Kih-Oskh servía de escondrijo a una banda internacional de traficantes de drogas.

Entre los papeles confiscados se ha encontrado una lista negra en la que figura el nombre del maharajá de Rawhajpurtalah y el suyo. Además nos hemos apoderado del plano de esto y por eso nos tiene usted aquí.

Yo aún diría más: que nos tiene usted aquí.

¡Y yo, señor Tintín, le debo la vida! El muñeco que en mi lugar puse en la cama recibió efectivamente una flechita...

CLAC

¡El faquir...! ¡Se nos ha escapado otra vez...!

¡Qué bribón, ha cerrado la puerta con llave...!

Esperen, tengo una llave maestra.

Sí, pero cuando se abra esta puerta, será inútil perseguirle: ¡ya estará lejos! ¡Bah! Le cogeremos después... Mientras, regresemos al palacio y mandemos aquí a alguien para que se haga cargo de los prisioneros.

Poco después, en palacio...

¡Señor! ¡Señor! ¡Su Alteza, han raptado a su hijo...! ¡Dos hombres en un coche...! ¡Acaban de huir...!

¡Corramos al garaje del palacio! No pueden habernos tomado mucha delantera...

¡Atención, sujétense bien, que arranco!

BUUUM

¡Agárrense fuerte aquí atrás! Esto se pone muy peligroso...

¡Ahí están, ahí están!

¡Acelere, Gran Maestro, que nos persiguen!

Imposible, el coche no corre más.

¡Les ganamos terreno!

¡Este humo...! ¿Qué pasa?

¡Oh, los desgraciados!

Habrán derrapado en la curva...

En cuanto baje a ver lo que ha pasado, saltaremos a su coche y huiremos.

¿Y si fuese un truco...? Ahora lo veremos.

¡Vaya, no baja...! Va a regresar a palacio y nosotros nos quedamos sin coche... ¡Nada de eso, muchacho!

PAM

¡Ah, sinvergüenzas: ya hice bien en desconfiar!

Imposible alcanzarle... Continúa entreteniéndole mientras yo huyo con el chico.

¿Dónde se habrá metido? No lo veo.

¡Arriba las manos, bandido, y tira el arma!

?

Esto ya está mejor... Un detalle: mi revólver no estaba cargado...

¡Vaya, qué coincidencia! Yo había terminado precisamente las municiones... ¡Prepárate a luchar!

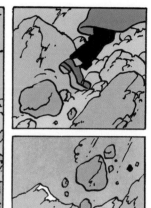

!

¡Trabajo hecho, y buen trabajo, vaya que sí!

Y ahora, mientras Milú vigila al faquir, continuaremos la persecución.

¡Truenos! Todavía sigue ese loco tras mis talones. ¿Qué hago...?

Espera, muchacho, avanza un poquito más...

¡HORROR!

¡Truenos, he fallado!

Desgraciado, ¡que Dios le perdone...! ¿Quién sería...? Al morir se ha llevado su secreto.

¡Ah!, aquí está el hijo del maharajá... Podemos regresar a palacio.

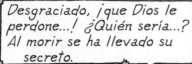
Unos minutos después...

¡Hijo mío!

¡Padre!

Y ahora, Alteza, debo despedirme de usted y continuar mi viaje. Estoy muy agradecido por sus atenciones...

¡No, no, Tintín, no quiero que te marches!

Permítame, querido amigo, que insista. Quédese al menos algún tiempo.

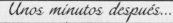

Bueno, Alteza, acepto con mucho gusto su invitación.

¡Hurra! ¡Hurra!

TRÁFICO DE ESTUPEFA...

# EL CASO DE EL CAIRO

...os hemos dado cuenta en nuestras ...ormaciones anteriores del rapto del ...ven príncipe de Rawhajpurtalah. Des... ...és de una larga persecución, el famoso ...riodista Tintín ha podido coger a los ...ptores y capturar a uno de ellos, mien... ...as el otro (posiblemente el jefe) era ...íctima de un accidente al caer por un ...recipicio. La búsqueda ha sido inútil. Jamás se sabrá el nombre de este mis-

El objetivo de nuestro fotógrafo h... ...tenido la suerte de disparar en e... ...ento en que los señore... ...llamados c...

Unos días después...

¡Viva Ramsés II!

¡Sigue, pequeño, pásala al delantero centro!

¡Viva Sesostris!

¡Hurra! ¡Un buen tiro a gol!

Alteza, sería conveniente llamar a esos dos hombres a palacio. Le explicaré el porqué...

Terminada la ceremonia...

¡Salud, oh noble faraón!

¡Sigue loco de atar...! Traiga unos cigarros para estos señores.

¡Alto, no deben tocarse los cigarros del faraón!

¿Quiere usted decirme de dónde provienen estos cigarros...?

Son los cigarros del antiguo consejero de su Alteza... Sabía que tenía muchos, y como no quedaban otros, los he traído.

Son los mismos cigarros que estaban en la entrada y en el interior de la tumba de Kih-Oskh... Los mismos del coronel árabe... Examinemos su contenido...

¡Ya me lo figuraba, no hay tales cigarros! Sencillos estuches para tabaco... y dentro ¡opio! ¡Así es como esos bandidos se burlaban de la policía!

Muy bien, acompañe a estos señores.

¡Ahí viene nuestra carroza!

El coche de los señores está a punto.

Bueno, joven amigo, ha realizado usted un buen trabajo y merece descansar. ¡Gracias a usted el mundo se ha librado para siempre de unos peligrosos malhechores!

¡Ojalá tenga usted razón, Alteza...! El futuro nos lo dirá.

HERGÉ.

**FIN**

Se comprende que las aventuras de Tintín en Extremo Oriente no han terminado. En efecto, continúan en EL LOTO AZUL.